I0508797

This Book belongs to

____

____

____

www.ingramcontent.com/pod-product-compliance
Lightning Source LLC
Chambersburg PA
CBHW030946240526
45463CB00016B/1968
* 9 7 8 1 7 0 5 3 3 0 5 9 3 *